Το σκοτάδι της παλάμης

Το σκοτάδι της παλάμης

Γιώργος Βασιλακόπουλος

MELBOURNE 2024

© George Vassilacopoulos, 2024

This book is copyright. Aside from fair dealing for the purposes of study, research, criticism, review or as otherwise permitted under the Copyright Act 1968, no part may be reproduced by any process without written permission from the author.

National Library of Australia
Cataloguing – in – Publication entry:
Vassilacopoulos, George, author.
Title in Greek: *Το σκοτάδι της παλάμης*
Title in English: *The darkness of the hand*

Cover image: Toula Nicolacopoulos
Design and layout: Frixos Ioannides

Published by urtext

ISBN: 978-0-6487282-6-9

Acknowledgements

Many thanks to Christos Fifis, Toula Nicolacopoulos,
Paul Ashton and Frixos Ioannides for their assistance
with this publication.

The main part of the text was set in 11 pt GFS Artemisia,
a free font from the Greek Font Society (Εταιρία Ελληνικών
Τυπογραφικών Στοιχείων). The GFS contribution to
Electronic Typography and to the promotion of literature is
gratefully acknowledged.

της Τούλας

Σε αγαπώ
Ως ο κανένας του οράματος
Ως λέξη την σιωπή της γλώσσας

Αν με μετρήσεις
Με το σκοτάδι της παλάμης σου
Θα παραμείνω

Τα δάχτυλα
Αγκαλιά ψι(θύρων)

Θα με βρεις γράμματα
Στις λέξεις
Πούπουλα
Του οράματος

Με την παλάμη μου σιωπώ τον κόσμο
Ως ρούχο το γυμνό σου σώμα

Με το σκοτάδι της παλάμης
Ραντίζω τη νύχτα του κόσμου

Τραυλί(ζουν) τα δάχτυλά μου το κορμί σου

Όπως κυλάς
Κατρακυλάς στα δάχτυλά μου

Κύ(λημμα) χρόνου

Σου γνέφω
Αλλού

Στον κουρνιαχτό της παλάμης
Τα δάχτυλα κύρτωσαν

Μικρές προσευχές
Προς
Μένουν

Παλάμη σκοτεινή
Έρπω όραμα

Η παλάμη
Αφή του κενού
Ολόγυρα

Εσύ γύρα

Πριν από τις λέξεις
Τυφλός μανδύας
Τα δάχτυλά σου

Με δαχτυλί(ζουν)
Αφή

Τα δάχτυλά μου κενό
Στο καινό
Γύρω από το πρόσωπό σου

Έφτασες

Τα δάχτυλα
Κόμη
Παραπονιάρικων αφών

Τα κτενίζει η παλάμη μου

Δεν ήρθες

Μαζί οι παλάμες μας
Κουκούλι του μαζί

Μαζί μαζί
Μάζα

Έρπω
Δάχτυλα
Στις ζάρες της παλάμης

Στο Αλλού
Μορφάζουν αφές μου

Στην σιωπή της παλάμης μου
Συνωστισμός οι αφές

Αφή αφή
Αφ(ρ)ίζουν

Τα δάχτυλά μου
Πλήκτρα του καινού
Η παλάμη σου
Του κενού το άσμα

Βολτάρουμε
Καινό κενό

Πριν σμίξουμε σώματα
Οι παλάμες
Τα τυλίγουνε
Κενό

Με το κενό μας υφαίνουν
Μανδύες του καινού
Μανδύες
Λικνιζόμαστε

Τα δάχτυλά μου
Γλωσσάρια στο κορμί σου
Χτυπούν την σιωπή

Είμαι ο δαχτυλένιος

Ντελάλης αφών
Φύλακας λαβάρων

Στην σιωπή τους
Μουσκεύω το αύριο
Να μη σαπίσει

Άφρισε το σκοτάδι μου παλάμη
Άφρισε η παλάμη δάχτυλα

Έρχεσαι

Τα δάχτυλά μου
Ρυάκια
Στην άβυσσο

Σε κυλούν
Στο Αλλού
Όλος ένα «χαιρετώ»

Παλαμίζω σελίδες
Και κόσμους ορκίζομαι
Τα δάχτυλά μου στάζουν αγγέλους

Με νύχτες για φτερά
Βγαίνουν στο σκοτάδι
Μοιράζουν στις λέξεις μου
Την υπομονή των νεκρών
Μπας και πιστέψουν στην ανάσταση

Λέξινη σκιά
Σας αγγέλλω με

Δαχτυλίζω τα χέρια
Πάνω απ' τα συντρίμμια μου

Περιμένω
Να με τραυλίσεις

Είμαι όλος αφή

Απαγγέλω παλάμες
Και αγγέλλω με
Δάχτυλα

Αλλού το Αλλού

Σταγόνες στην άβυσσο
Τα δάχτυλά σου

Πυκνωμένο Αλλού

Τα σιωπώ με την σιωπή
Στο στόμα μου
Και δροσίζω το κενό τους

Σε ακούω
Στα καινά σου ρήματα

Αλλού το Αλλού
Ασώματο δέρμα

Το κεντώ
Με το σκοτ(άδη) της παλάμης μου
Μελάνι του ορ(άματος)

Μας χαιρετώ

Οι λέξεις μου κυλούν ζάρες της Ιστορίας. Τις προσμένω στο τέλος ανοιχτό στόμα. Σταλακτίτες με συλλαβίζουν ταξίδι.

Μάρτης 2023

Τα ολιγόλογα αυτά ποιήματα διακατέχονται από την αίσθηση μιας ολοκληρωτικής καταστροφής η οποία εξαφάνισε την παλάμη και το πρόσωπο του ανθρώπου από τους χώρους ανάδυσής τους: την Ιστορία και τον έρωτα. Επιδιώκουν να αναγνωρίσουν το βάθος της καταστροφής με το να θέτουν ξανά τα ερωτήματα της σχέσης της γλώσσας ως μνήμη και όραμα με τα χαμένα ιδανικά και τους νεκρούς που τα εκφράσαν. Το επιδιώκουν προσπαθώντας (ίσως μάταια) να λειτουργήσουν με ρυθμούς και λέξεις στους χώρους των οποίων ανατρέπεται η λογική του «εγώ» για να αναδειχτεί το ερωτικό υπόστρωμα της ίδιας της επικοινωνίας.

www.ingramcontent.com/pod-product-compliance
Lightning Source LLC
Chambersburg PA
CBHW022022290426
44109CB00015B/1278